MEU REI ARTHUR

LÚCIA CYRENO

MEU REI ARTHUR

A chegada de um filho com Síndrome de Down

Dados Internacionais de Catalogação na Publicação (CIP)
(Câmara Brasileira do Livro, SP, Brasil)

Cyreno, Lúcia
    Meu rei Arthur : a chegada de um filho com Síndrome de Down /
Lúcia Cyreno. — São Paulo : Paulinas, 2007. — (Coleção fé e vida)

    Bibliografia.
    ISBN 978-85-356-2036-8

    1. Pais de crianças deficientes 2. Síndrome de Down 3. Síndrome
de Down — Pacientes 4. Síndrome de Down — Relações familiares
I. Título. II. Título : A chegada de um filho com Síndrome de Down.
III. Série.

07-4310   CDD-616.8588420092

Índice para catálogo sistemático:
1. Portadores de Síndrome de Down : Biografia 616.8588420092

Direção-geral: *Flávia Reginatto*
Editora responsável: *Luzia M. de Oliveira Sena*
Assistente de edição: *Andréia Schweitzer*
Copidesque: *Mônica Elaine G. S. da Costa*
Coordenação de revisão: *Marina Mendonça*
Revisão: *Jaci Dantas*
Direção de arte: *Irma Cipriani*
Gerente de produção: *Felício Calegaro Neto*
Capa: *Telma Custódio*
Editoração eletrônica: *Fama Editora*

2ª edição – 2011

Paulinas
Rua Dona Inácia Uchoa, 62
04110-020 – São Paulo – SP (Brasil)
Tel.: (11) 2125-3500
http://www.paulinas.org.br – editora@paulinas.com.br
Telemarketing e SAC: 0800-7010081
© Pia Sociedade Filhas de São Paulo – São Paulo, 2007

*Para honra e glória de Deus,
a quem atribuo todas as conquistas do meu filho*

Agradecimentos

Precisei da ajuda e do incentivo de meus familiares e amigos para que este livro se tornasse realidade. Quero agradecer a meu marido Bruno e a meus filhos Milena, Mariana e Arthur pela paciência e compreensão em me deixar trancada no escritório escrevendo, bem como por escutar as modificações do livro.

A minha família, que tanto me apoiou: meus pais Hilda e Antônio, meus sogros Lêda e Fernando e meus irmãos Rafael, Izabel e Amélia.

A Rosely e Ivonete, que me ajudaram com o dia-a-dia da casa.

Ao carinho de tantos amigos e familiares que leram e releram o livro: Liane, Cris, Leo, Mirella, vovó Lúcia, vovô Zé, Lygia, Hugo, Ana Cristina, Celina, Luciane, Ney, Márcio, Fernanda, Regiane, Natasha Barricelle, Ilan Brenman, José Ruy Lozano, Magda Starke Lee, Fábio Adiron, Marisa Lara, e especialmente a Biba Arruda, que escreveu o prefácio.

Infelizmente este livro é pequeno para agradecer a tantos anjos que Deus colocou em nossas vidas, nossa família, amigos mais próximos e os profissionais que se empenharam no desenvolvimento do Arthur: o obstetra dr. Luciano, as fisioterapeutas Dora, Fernanda, Carolina e Marcela; as fonoaudiólogas Cristiane, Milu, Luciana, Tatiana, Solange, Ana Lúcia e Adriana; as terapeutas ocupacionais Miriam e Aline e os pediatras tia Fernanda, dra. Rita, dr. Albert e dr. Rubens.

A todos, muito obrigada!

Apresentação

A idéia de escrever este livro surgiu logo após a visita de Marisa, ainda na maternidade. Esse encontro foi possibilitado pela enfermeira Mayra, que perguntou se eu gostaria de participar do projeto "Bem-vindo ao mundo", do *Grupo 25*, uma ONG que tem como objetivo a inclusão incondicional na sociedade de pessoas com todos os tipos de deficiência.

Naquele dia, Marisa tinha como incumbência acolher mais uma criança que nascia com Síndrome de Down. Não posso descrever sua impressão ao me ver pela primeira vez. Eu era uma jovem mulher de 30 anos, formada em administração, nascida em Recife e morando em São Paulo. Mas naquele momento eu me sentia um fracasso, tinha a fisionomia transformada pela gravidez e, mais ainda, pelas longas horas de choro.

Marisa se aproximou de mim sorrindo, com a foto de seu filho nas mãos: um menino de oito anos de idade que irradiava alegria. Essa foto representou a primeira ruptura da imagem preconceituosa que eu fazia em relação a uma criança com Síndrome de Down. Nessa imagem distorcida, eu visualizava uma pessoa incapaz, sem perspectivas, um atraso para qualquer família, um fardo que se prolongaria por toda a vida, uma pessoa completamente dependente.

Hoje posso afirmar que eu não conhecia nada sobre o assunto. Entretanto, esse não era um "privilégio" meu, pois a maioria das pessoas que nos visitaram ou souberam do nascimento do Arthur agiu como se algo de terrível tivesse acontecido em nossa família.

Muitos amigos e familiares ficaram chocados com a notícia, e éramos nós, eu e meu marido Bruno, ainda frágeis, que os consolávamos. Alguns afirmavam que éramos pais especiais, porque tínhamos recebido um filho especial. Mas aquele "especial" significava algo inferior ou negativo. Percebíamos que o que estavam querendo dizer é que Arthur sempre seria diferente e nunca chegaria a ser uma criança normal. Outros afirmavam que havíamos recebido um anjo. Era como se meu filho tivesse vindo de outra dimensão.

Eu estava muito confusa e, no fundo, sentia certa revolta por esses comentários sobre o Arthur. Eu não queria ser especial e muito menos ter um "anjo". Eu queria uma criança comum!

Foi em meio a esse estado de revolta que Marisa chegou ao meu quarto e compartilhou seus sentimentos quando do nascimento de seu filho Otávio. Ela também havia passado por aqueles momentos de luto e tristeza. Perguntara-se por que aquilo havia acontecido com ela. Também ficara revoltada com comentários que enfatizavam a diferença como algo necessariamente ruim. Segundo ela, mesmo depois de oito anos, muitas pessoas ainda não sabiam como se comportar na presença do Otávio, ou seja, com naturalidade, sem pesar nem tristeza. Afinal, tratava-se de uma criança; um ser único.

Marisa foi a primeira pessoa que me disse "Parabéns, você tem um filho lindo!". Foi ela quem fez todas aquelas perguntas tradicionais, que eu ouvira logo após o nascimento das meninas: "Foi parto normal? Com quantos quilos nasceu? E a altura? Já está amamentando?". Uma reação natural, e não a perspectiva do estigma de uma vida infeliz. Afinal, não é possível predeterminar que crianças nascidas com certas características físicas serão necessariamente mais felizes ou tristes; mais amáveis ou briguentas; mais ou menos inteligentes; bem ou mal-sucedidas. Não se trata apenas de uma questão de genes. O sucesso pessoal também é determinado pelo meio em que vivemos.

Marisa também me mostrou que todos somos diferentes e que o conceito de "normalidade" é algo muito subjetivo. Até Einstein, o gênio da Física, não foi considerado normal na infância. E mais: toda criança é especial, porque cada uma tem algo a oferecer: alegria, ternura, inteligência, bom humor... Toda criança é única e possui talentos específicos que precisam ser lapidados, pois servem a um propósito, satisfazem uma necessidade, cumprem uma missão.

É por isso que a sociedade, assim como a natureza, precisa ser diversa: cada um contribui com suas habilidades e recebe em troca aquilo de que precisa. Dessa forma, a sociedade deveria ter como objetivo potencializar – e não classificar – os diferentes talentos dos seres humanos.

Infelizmente, criou-se uma hierarquia de valores, como se fosse fácil identificar os talentos que são ou não importantes, e passou-se a valorizar algumas características em detrimento de outras. Jovens se formavam em medicina apenas por *status*, mesmo que tivessem um talento único para música. A mídia passou a ditar o modelo de sucesso: beleza, riqueza, fama etc. Muitos querem estar na moda e não medem esforços para isso. Outros usam até artifícios pouco éticos.

É impressionante como esse "pensamento de massa" tomou conta de nossa vida. Quantos pais não sonharam em ter filhos iguais aos bebês dos anúncios publicitários: olhos azuis, cabelos loiros e pele bem branca e macia. Os filhos passaram também a ser sonhos de consumo, como se pudéssemos entrar numa loja e escolher o bebê mais bonito e perfeito; aquele que havia passado por todos os testes de qualidade. Como se houvesse apenas *um* padrão de qualidade, *um* modelo de beleza.

Ainda hoje ficamos chocados ao relembrar as atrocidades cometidas por Hitler em sua tentativa de estabelecer a supremacia da raça ariana. Não é possível dizer que uma raça seja melhor ou mais importante que a outra. Cada uma tem sua particularidade e valor. Isso também é verdadeiro para cada indivíduo: um ser ímpar, único, especial. Entretanto, mesmo de forma inconsciente, muitas pessoas insistem em exaltar apenas o que é pertinente a determinado modelo de sucesso e beleza.

Quantas crianças se retraem e sofrem caladas ao perceber que seus pais elogiam demasiadamente seus amigos por serem mais "bonitos" ou mais "espertos". Quantos se entristecem por não conseguir se adaptar aos arquétipos e tornam-se vítimas de chacotas entre os colegas. Quantos jovens enfrentam esse preconceito disfarçado de brincadeira, sonhando em ser uma pessoa diferente. O resultado negativo disso tudo é que, comparando-se aos outros, muitas pessoas deixam de desenvolver aquilo que têm de mais precioso dentro de si: seus próprios talentos.

A parábola dos talentos descrita na Bíblia (Mateus 25,14-30) retrata muito bem como cada ser humano é chamado a uma missão segundo sua capacidade. Mais ainda, como temos o dever de lapidar nossas habilidades, de modo a torná-las produtivas. Nesta parábola, o senhor confia aos servos os seus bens. Ao primeiro deu cinco "talentos" (moeda da época), ao segundo dois e ao terceiro um. Os dois primeiros prosperaram, duplicando seus talentos. Entretanto, o servo que recebeu apenas um talento cavou a terra e escondeu o dinheiro que havia recebido, por medo do seu senhor. Ao voltar de viagem, o senhor ficou satisfeito com o trabalho dos servos que obtiveram lucro, mas decepcionou-se com o último, que nada produziu.

Duas importantes observações precisam ser feitas em relação a essa parábola. A primeira é que o senhor não exigiu mais do que ofereceu a cada um, de modo que não esperou que o segundo ganhasse mais que o primeiro. A segunda refere-se a nossa atitude em aceitar nossos talentos, valorizá-los e lutar para que produzam resultados. Existem pessoas que agem da mesma forma que o último servo. Pensando ser menos abençoados e por medo da opinião dos outros, eles "enterram os seus talentos".

Eu me pergunto quantos jovens com necessidades especiais estão enterrando seus talentos por não confiarem em si mesmos. Talvez isso seja reflexo do que eles sentem, vivendo em uma sociedade que não lhes cria oportunidades, porque não acredita em seus talentos. Precisamos urgentemente quebrar esse ciclo de preconceito. Posso afirmar que isso é possível, uma vez que aconteceu comigo.

Este livro visa servir de reflexão para que as pessoas, aos poucos, consigam conhecer as crianças com Síndrome de Down e, conhecendo-as, permitam-se amar e ser amadas. Então, poderemos visualizar os pais recebendo seus filhos com carinho e amor desde o início. Nesse ambiente positivo e encorajador, muitos pais nem precisarão passar pelo luto do nascimento de uma criança com deficiência, pois saberão da importância de iniciar essa luta o mais cedo possível (estimulação precoce). Seus filhos, amados e estimulados, conseguirão se desenvolver naturalmente, sem pressa, mas com muitas conquistas. Essas crianças crescerão em uma sociedade inclusiva, estudando, trabalhando e desenvolvendo suas habilidades, sem que ninguém as veja de forma diferente.

O livro traz fotos do cotidiano do Arthur, a maioria tirada por mim, pois gostaria de mostrar que é possível levar uma vida comum. Não precisamos segregar as pessoas com deficiência, colocando-as em um ambiente protegido, pois assim poderíamos limitar suas conquistas. Tenho certeza de que o meu Arthur teria uma história completamente diferente se o tivéssemos excluído do nosso ambiente social. Cada foto representa uma conquista.

Que a leitura deste livro possibilite a você uma nova visão do que é ser diferente e que isso possa *fazer a diferença* em sua vida.

A autora

Prefácio

Por Biba Arruda

Encontros marcados

As manhãs de 2002 eram corridas: levar Ana Thereza, a primogênita, à escola, voltar correndo para casa e encontrar o lindo sorriso de Maria Clara, a caçula, esperando-me para também levá-la à escola.

Depois de cumprir a primeira etapa da missão, era tempo de recarregar as energias. Entrava esbaforida na igreja, onde o tempo parecia parar: o incenso queimando no altar e os anjos tocando trombetas nos vitrais iluminados transportavam-me para um mundo de reflexão e silêncio, fonte inesgotável de fé.

Foi aí que conheci Lúcia, uma linda moça, com olhos cor de céu, que, assim como eu, sentava-se diariamente no mesmo lugar, na mesma hora. Um encontro marcado por Deus, na Sua casa. Nossos apertos de mãos nos cumprimentos foram se transformando em afetuosos abraços.

Compartilhávamos nossos testemunhos cotidianos enquanto saíamos da igreja e nos despedíamos, até que um dia Lúcia confidenciou-me que estava muito aflita: queria voltar a trabalhar, mas ao mesmo tempo pensava em suas filhinhas. Era preciso fazer uma escolha. Eu vinha de um caminho oposto: profissional bem-sucedida, chegara a trabalhar até 16 horas por dia, e agora podia opinar sobre a riqueza incalculável de estar ao lado de minhas filhas e dedicar-me completamente às tarefas de mulher, esposa e mãe. Tranqüilizei Lúcia, dizendo que a vontade de Deus se faria cumprir. Não tardou muito até que o Senhor se fizesse entender. Pouco tempo depois encontrei Lúcia chorosa e surpresa: estava grávIDA, e isso a fez compreender que seriam outros os caminhos a percorrer.

O padre que celebrava as missas da manhã mudou-se de paróquia e eu optei por segui-lo. Assim, não me encontrei mais com Lúcia. Até que um dia, uma vizinha me contou em tom de segredo (ou fofoca, não sei direito): "Você se lembra daquela moça bonita, a Lúcia? Coitada... Teve um filho com Síndrome de Down". Imediatamente desejei abraçá-la e confortá-la. Claro que eu não tinha a menor idéia do que dizer, como me portar, mas decidi deixar que o Espírito Santo falasse por mim.

No dia previsto, tia Lélia me acompanhou. Foi um lindo encontro: falamos de alegria, amor, esperança, da glória que cada criança traz consigo quando vem ao mundo; falamos da confiança que o Senhor deposita em nós, quando nos concede a importante tarefa de criar, amar e educar Seus filhos. Lúcia deixava transparecer a mistura de emoções que estava vivendo. Afinal, tinha dado à luz havia dez dias, seus hormônios ainda tentavam encontrar o ritmo certo e suas filhas exigiam atenção. Apesar de tudo isso, sentíamos a presença do anjo do Senhor dizendo: "Creia, filha, creia!".

Ao deixarmos a casa de Lúcia, tia Lélia me perguntou: "E se fosse com você, Biba?". Respondi que acreditava na perfeição dos caminhos do Senhor e que existia um propósito para tudo.

Logo depois, Lúcia e sua família mudaram-se para Recife e perdemos contato.

Desejava muito ter mais um filho. Fiz este pedido no altar do Senhor e alcancei tal dádiva no tempo certo de Deus. No terceiro mês de gestação, o médico me disse que meu filho tinha

Síndrome de Down. Lembrei-me de Lúcia. Onde ela estaria? Então, percebi que Deus havia me preparado para aquele momento desde o dia em que a visitara.

O tempo passou e todos os meses eu levava meu pequeno Miguel comigo quando ia à loja buscar as fotos que, como toda mãe coruja, tirava para acompanhar seu crescimento. Glacy, a gerente da loja, contou-me sobre uma dedicada mãe que tinha um filho lindo como o meu. Disse-me que ela estava escrevendo um livro e pensou que eu poderia colaborar. "Você sabia que sou escritora?", perguntei meio assustada. "Não, mas sinto que vocês precisam se encontrar!", respondeu Glacy.

Qual não foi minha surpresa quando descobri que era a Lúcia, a quem eu tanto havia desejado encontrar para compartilhar minha experiência!

Quando nos falamos ao telefone, ela não podia se conter de felicidade. Em nosso encontro pude perceber o quanto estava diferente, mais madura e feliz. E que bênção ver seu pequeno Arthur, já com quase três anos! Quanta esperança e alegria em descobrir como Deus é bondoso e quão grandiosa a Sua obra quando nos abandonamos a Ele e confiamos em Sua misericórdia!

Lúcia compartilhou comigo o seu livro e me emocionei ao reviver, agora juntas, os nossos sentimentos. Como gostaria de tê-lo lido quando o Miguel nasceu, pois não se trata de um livro técnico, como tantos que já existem. É um livro escrito de coração para tocar corações, uma vez que ela foi capaz de esvaziar seu ser de todo o preconceito e deixar entrar o verdadeiro amor que aceita o outro como ele realmente é. Somente quem faz essa experiência é capaz de enxergar a diferença como parte da vida e não como uma disfunção.

Desfrute desta experiência e sinta o milagre transformador do amor incondicional. Amor que cura, transforma e regenera. Amor este que são Paulo descreveu em sua carta à comunidade de Coríntios, e a você (1 Coríntios 2,6-16).

O que é Síndrome de Down

Trata-se de uma ocorrência genética natural e universal, podendo ser verificada em todas as raças e classes sociais. A Síndrome de Down (SD) não é uma doença. Atualmente, é considerada a alteração genética mais freqüente em seres humanos. Seu nome foi dado em homenagem ao dr. John Langdon Down, o primeiro a identificar as características da síndrome. Durante algum tempo, as pessoas com essa alteração foram chamadas de mongóis ou mongolóides, graças à semelhança dos traços da face com os habitantes da Mongólia. Esse termo passou a ser usado de forma pejorativa, indicando uma pessoa débil, e tal nomenclatura foi abolida.

Por motivos ainda desconhecidos, em certos indivíduos, durante o desenvolvimento das células do embrião, são formados 47 cromossomos em vez dos 46 que se formam normalmente. Esse material extra se encontra localizado no par de cromossomos 21, razão pela qual essa alteração também é conhecida como Trissomia do 21.

A incidência da SD é de aproximadamente 1 para 660 bebês nascidos vivos. Entretanto, pode variar em função da idade materna, subindo para 1/106 em mães com 40 anos.

O material genético em excesso altera o desenvolvimento regular da criança, mas essa alteração varia de pessoa para pessoa. Ou seja, a leitura do padrão genético varia em cada indivíduo, mas isso não implica dizer que existam diferentes graus de manifestação. O que há são três possíveis etiologias, ou seja, origens de mutação, quais sejam: a trissomia livre, mosaicismo e translocação. Os efeitos são diferentes e dependem da extensão da cópia extra do cromossomo, dos antecedentes genéticos, de fatores ambientais e da simples probabilidade.

Na trissomia livre (92% dos casos), todas as células da pessoa possuem 47 cromossomos (células trissômicas). O cromossomo extra, portanto, tem origem no desenvolvimento anormal do óvulo ou espermatozóide, ocorrendo uma não-disjunção durante a meiose.

No mosaicismo (2 a 4% dos casos), o indivíduo não possui todas as células trissômicas. Acredita-se que o óvulo pode ter sido fecundado com o número habitual de cromossomos, mas desenvolvido um cromossomo a mais em razão de um erro na divisão da célula do embrião.

É apenas na translocação (3 a 4% dos casos) que o cromossomo sobressalente se encontra associado à herança genética. Nesse caso, todas as células possuem 46 cromossomos, mas parte do cromossomo 21 adere-se ou transloca-se para algum outro cromossomo.

Não há como saber qual será a evolução de qualquer criança! Desse modo, para que a criança desenvolva todo o seu potencial, é importante que ela seja encaminhada, ainda bebê, a profissionais habilitados a estabelecer um programa de estimulação precoce. Além do mais, precisará contar com o apoio, amor e aceitação de sua família.

Pessoas com Síndrome de Down têm rompido muitas barreiras. Em todo o mundo, e também aqui no Brasil, elas estudam, trabalham, têm autonomia, casam-se. A melhor forma de combater o preconceito é através da informação e da inclusão de *todas* as pessoas, na família, na escola, no mercado de trabalho e na comunidade.

A gravidez

Recordo minha ansiedade quando quis voltar a trabalhar, após cinco anos inteiramente dedicados à família. Eu me sentia cansada e muitas vezes insatisfeita com o pouco reconhecimento da função de mãe e dona-de-casa, mas insegura em deixar minhas filhas com uma babá. Conversando com Biba, uma amiga, contei-lhe como me encontrava dividida, tentando conciliar as atividades de mãe e o retorno à carreira profissional. Ela me tranqüilizou, ressaltando o valor de estarmos com nossa família e a importância de vivermos cada etapa de nossas vidas.

Consegui um emprego, mas após um mês de trabalho descobri que estava grávida. Foi uma grande surpresa, pois eu tinha cistos em meus ovários e, segundo os médicos, seria preciso fazer um tratamento para engravidar novamente. Uma gravidez espontânea era algo improvável.

A princípio, fiquei chateada e confusa, sem saber como dar a notícia na empresa. Bruno também ficou assustado no início, mas depois do primeiro impacto mostrou-se feliz e esperançoso em ter um menino. Eu ainda me sentia insegura de comentar o assunto com outras pessoas, pois muitos amigos nos diziam que era uma loucura, a realidade não permitia uma família com tantos filhos.

Voltei a conversar com Biba, e ela me deu apoio para curtir a maternidade, mesmo que não fosse algo valorizado pela sociedade. Disse-lhe que estava triste com a mudança de planos, mas que jamais pensaria em abortar. Eu era responsável por aquela situação e nunca poderia eliminar uma vida inocente.

Os meses foram passando e a gravidez transcorria bem. Eu estava mais tranqüila, não tinha enjôos, trabalhava poucas horas por semana e contava os dias para saber o sexo do bebê. Os exames de pré-natal estavam normais, sem alterações, e as meninas curtiam ver minha barriga crescer.

No quinto mês veio a notícia: era um menino! Nosso sonho se realizara. Fiz questão de um enxoval todo azul para fechar com chave de ouro meus anseios de mãe. Também pensei bastante no nome que daria a nosso filho. Fiz diversas consultas na internet, em livros de nomes e significados, e sempre ouvia os comentários dos amigos. Todos estavam ansiosos, pois eu já estava com sete meses de gravidez e o bebê ainda não tinha um nome definido. Bruno e sua família insistiam em chamá-lo de Arthur, mas eu não queria, pois soubera de uma criança com Síndrome de Down que tinha esse nome. Como não chegávamos a um consenso, resolvemos fazer um sorteio e, para minha surpresa, no papel que tirei estava escrito *Arthur*. Dando-me por vencida, fiquei feliz ao saber que significava valentia, coragem, e pouco tempo depois já estava pensando nos apelidos que lhe daria.

No oitavo mês descobrimos que o bebê apresentava uma má-formação no coração e que uma importante cirurgia cardíaca seria necessária logo após o nascimento. O medo entrou em nossa família, pois estávamos cientes da possibilidade de o bebê não resistir. Só nos restava rezar e esperar.

18 de março de 2003
O nascimento

Surgiram as primeiras contrações. Eu estava certa de que meu terceiro filho nasceria em breve. Quanta expectativa e emoção em recebê-lo! Nós havíamos decidido que aquela seria minha última gravidez e eu queria gravar tudo na mente para depois recordar, com saudade, aqueles momentos mágicos.

Tudo transcorria bem, embora eu achasse que as dores estavam muito leves. Após dez horas do início do trabalho de parto, eu me encontrava bastante impaciente. O obstetra e eu concordamos que seria melhor induzir o parto para acelerar o processo.

Minha preocupação constante era com o coraçãozinho do Arthur, em virtude de sua má-formação. Todos os médicos, até então, haviam nos dito que uma cirurgia logo após o nascimento resolveria esse pequeno problema.

As dores aumentaram, o espaço entre uma contração e outra diminuiu e minha ansiedade triplicou. Eu rezava desesperadamente para que Arthur resistisse, pois eu não estava pronta para perder meu filho, tão esperado.

Uma hora depois, as dores eram bem fortes, por causa dos remédios para a indução do parto. Pensei que não agüentaria, mas um banho morno me acalmou e aumentou rapidamente a dilatação. Senti uma forte dor de expulsão e fui levada à sala de cirurgia. Enquanto o médico preparava a anestesia, várias foram as contrações, indicando que Arthur lutava para vir ao mundo. Eu estava aflita, querendo que tudo passasse rápido, e disse: "Deixem a anestesia, não vai dar tempo". Dr. Luciano, o obstetra, tranqüilizou-me e fui anestesiada. Mais uma contração, e ele disse que já podia ver a cabeça do bebê. Mais uma contração forte e um grande esforço para expulsar o bebê, com um sentimento de que sua vida dependia exclusivamente de mim. Foi com lágrimas nos olhos que escutei seu primeiro choro. Eram 20 horas e 18 minutos, e o Arthurzinho acabava de nascer de parto normal.

"Como ele está?", foram minhas primeiras palavras. Os médicos me disseram que o problema do coração parecia pequeno, pois ele havia chorado muito forte.

Finalmente pude respirar aliviada, quando recebi Arthur nos braços. Minha primeira reação foi de admiração por aquele pequeno rostinho indefeso que ainda parecia assustado. Olhei para meu marido e disse: "Como é lindo! Acho que ele tem olhos claros... Olha, ele está com a lingüinha de fora".

Pedi para amamentá-lo, mas os médicos não permitiram. Disseram que o Arthur precisava fazer alguns exames para terem certeza de que seu coração era saudável.

Senti que alguma coisa não estava certa. Bruno também teve de sair e, de repente, percebi-me sozinha, sem nenhum conhecido a meu lado. Perguntei à enfermeira onde o obstetra fora. Ele teria saído para encaminhar o Arthur ao pediatra neonatal. Foram os minutos mais longos da minha vida, ali, naquela sala fria, à espera da limpeza e dos pontos finais do parto normal.

Meu obstetra voltou diferente. Não sei explicar o que percebi ou o que se passava em sua mente, mas ele continuava insistindo que tudo estava bem com o Arthur. Acabados os procedimentos do parto, fui levada à sala de recuperação, onde fiquei uma eternidade. Como mãe do terceiro filho, tudo me parecia estranho. "Não demorou tanto tempo assim com as meninas!", eu pensava. "Será que estão me escondendo algo?"

Fui liberada para o quarto e ainda assim não pude ver o Arthur, que estava na Unidade de Terapia Intensiva (UTI). Mamãe disse que vira o bebezinho mais fofo da maternidade e que eu não me preocupasse, pois em breve ele estaria em meus braços. Mas esse momento não chegava nunca. Que angústia, que aflição!

A notícia

Uma hora da manhã. O telefone toca. Uma médica pede para falar com o Bruno, pessoalmente. Perguntei se havia algum problema, e ele me disse que a médica queria falar sobre o coração do Arthur.

"O coração do seu filho está bem, mas é possível que ele tenha Síndrome de Down." Estas foram as palavras da médica para o meu marido, que, atônito, tentava entender o significado delas.

"Como vou dizer isso a Lúcia?", refletia Bruno, enquanto caminhava no corredor do hospital em direção a meu quarto. "Será que não pode ser um engano? Ela disse que isso ainda é uma possibilidade. Só o exame de cariótipo pode afirmar com certeza. Mas como alguém levantaria uma hipótese de algo tão sério? Estariam apenas preparando o caminho?" Bruno teve poucos minutos para entender e aceitar tudo aquilo que acabara de ouvir, quando se percebeu diante de mim. Com tranquilidade, ele me contou tudo.

Não era possível! Eu fizera todos os exames pré-natais, inclusive dois morfológicos e a medição da translucência nucal. Até perguntara à médica que realizara a ultra-sonografia se o Arthurzinho poderia nascer com Síndrome de Down, e ela me dissera que *não*! Eu estava incrédula e irredutível: por certo tudo não passava de um grande mal-entendido!

Tentando me tranqüilizar, Bruno falou com seu jeito sempre otimista: "Lúcia, não vamos antecipar o problema. Isso somente será definido amanhã, com o parecer do geneticista". Em seu íntimo, entretanto, ele já se preparava para o inevitável.

Minutos depois, Arthur veio para o quarto. Olhei para ele e vi aqueles lindos olhinhos azuis bem apertados. Ele se parecia muito com a Mari, nossa segunda filha.

Aos poucos fui observando cada detalhe que Bruno havia me dito: prega palmar única, orelhas mais baixas. Parecia que sobrava pele no seu corpinho. Como ele era molinho!

"Onde está o Arthurzinho com quem sonhei durante nove meses?", eu perguntava. Meu Arthurzinho idealizado não existia mais.

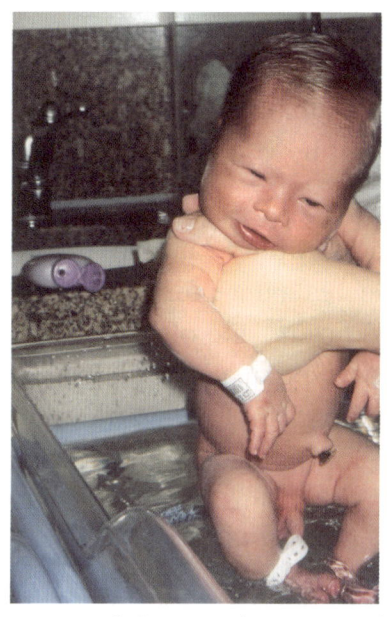

Arthur na maternidade, tomando o primeiro banho

Uma infinidade de pensamentos antagônicos invadiu minha mente. Meu coração estava confuso e dividido, pois não tinha sido preparado para amar uma criança com Síndrome de Down. Mas, ao mesmo tempo, ele gritava: "Lúcia, esta criancinha indefesa precisa de você e te pede para ser amada".

"Como vou falar para minha família e para meus amigos que Arthur tem Síndrome de Down? Como vão reagir? Ele será aceito pela nossa sociedade? Como será o seu futuro? Terei uma pessoa dependente de mim para o resto da vida?" Eu não controlava minha ansiedade. Cheguei a pensar que gostaria que o coraçãozinho dele não fosse tão forte!

Quando Arthur saiu do quarto, eu disse: "Bruno, ele realmente tem Síndrome de Down. Que vamos fazer?". Ele olhou-me nos olhos e falou: "Vamos esperar ele completar um ano e aí tiramos uma conclusão se isso é ou não um problema em nossa vida". "Vamos à luta, Lúcia", ele me disse. "Mas, acima de tudo, vamos lutar principalmente por sua felicidade."

Acredito que esse foi o primeiro e decisivo passo no processo de aceitação do Arthur. No entanto, vários comentários infelizes de familiares e amigos reafirmavam dentro de mim um sentimento de perda muito grande: "Não fique triste, você tem outras duas filhas lindas"; "Ele vai ser eternamente a sua criancinha"; "Ele vai sempre depender de você"; "Você tem um anjo". Eu me perguntava: "Quem disse que quero isso para mim?". Eu queria um filho comum: que brincasse, estudasse, passeasse comigo e até mesmo fizesse traquinagens. "Meu Deus, por que comigo?" Eu era jovem, já tinha outras filhas e nenhum caso semelhante na família. Eu chorava copiosamente.

Ficava deprimida quando os amigos ligavam, perguntando sobre o coração do Arthur. Quando lhes dizíamos que esse problema era pequeno, mas que ele nascera com Síndrome de Down, muitos choravam, dando a entender que talvez fosse melhor que ele não resistisse. Poucos sabiam que uma criança com Síndrome de Down poderia se desenvolver bem. Eu desligava o telefone, chorando, algo que afetava profundamente o processo de aceitação de meu filho. Nesses momentos eu ia direto para a UTI. Precisava segurar o Arthur novamente, sentir sua pele e seu cheiro; olhar cada detalhe de seu rosto e abraçá-lo. Ele era tão lindo! E era meu! O ser com quem conversei por nove meses. Precisava amamentá-lo, contar seus dedinhos e vê-lo olhando para mim. "Por que as pessoas reagem assim?", eu pensava. Arthur não era tão diferente como diziam.

Uma das situações que me deixou mais indignada foi ouvir uma enfermeira perguntar o que eu fizera para o Arthur nascer "daquele jeito", sugerindo ser eu a culpada por "aquele acidente". Respirei fundo e disse que Arthur não era um acidente e muito menos um momento de azar. Na verdade, eu havia acertado na loteria, pois tinha um filho lindo. Não falei isso para impressioná-la. A minha relação com o Arthur estava realmente se tornando mais íntima. Quantas foram às vezes que ele ficou acordado, quietinho, enquanto eu chorava. Era como se tentasse me consolar. Por outro lado, não conseguia ficar muito tempo longe dele. Precisava de seu carinho... e como eu me sentia em paz a seu lado!

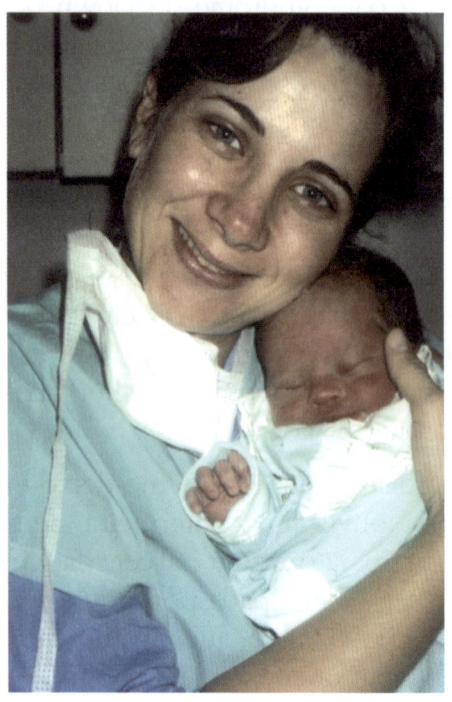

A hora da amamentação, fonte de intimidade e descobertas

O início de
uma nova caminhada

Com o passar do tempo, percebi que tudo aquilo poderia acontecer com qualquer pessoa, pois existe uma probabilidade de formação genética irregular do feto, embora nem sempre estejamos cientes disso. Ainda no hospital, encontrei quatro mães de crianças com Síndrome de Down e me confortei ao saber que não estava sozinha. Conversando com elas, pude entender que tudo era uma questão de adaptar-se a essa nova situação.

Era por certo algo inusitado. Eu me sentia perdida, como se tivesse planejado viajar de férias para Itália e me encontrasse, de repente, no Peru. Precisaria de novos guias, descobrir novos pontos turísticos e fazer um outro roteiro de viagem. Quanto mais tempo eu levasse para aceitar essa mudança de planos, menores as chances de usufruir as belezas do novo país.

Meu Arthur não era do modo que eu havia pensado, mas ele ainda estava ali, a meu lado, e eu o levaria para casa. Certamente eu precisaria fazer adaptações aos meus planos: comprar e ler outros livros que não havia comprado nem lido na época das meninas, conversar com outros especialistas, uma rotina diferente, mais paciência... Eu precisava dar espaço para esse *novo Arthur* que nascia em meu coração.

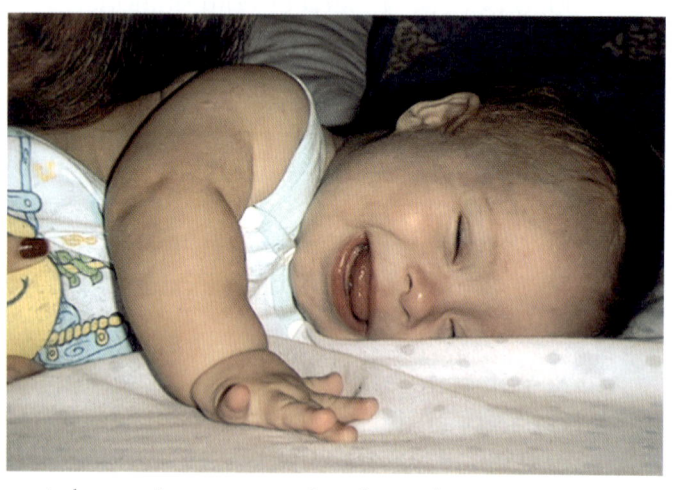

Arthur aos 5 meses, conquistando a todos com seu sorriso

Arthur finalmente recebeu alta do hospital. Saí daquele local com a certeza de que uma nova vida me esperava. Eu tinha de ser forte para enfrentar os obstáculos que surgissem a minha frente. Porém, estava confiante de que tudo acabaria bem e disposta a assumir a missão que Deus me reservara, e sabia que aceitar esse novo desafio com fé e coragem me ajudaria a enxergá-lo como um novo rumo, e não como um problema.

Era o começo de uma nova história, baseada no amor e na dedicação. Uma nova forma de encarar a vida, em que as pequenas vitórias tomam dimensões grandiosas, pois são frutos de muita luta e paciência. Estava disposta a mudar a tradição que havia por trás de nossos nomes – na qual o imperador Lucius tinha como grande inimigo o rei Arthur da Távola Redonda – e me entregar a um novo relacionamento de amor com meu filho. Aliados, poderíamos enfrentar o preconceito e a discriminação daqueles que, por ignorância ou maldade, não acreditavam na capacidade de cada indivíduo. Era chegada a hora de entender que são as nossas diferenças e particularidades que nos completam e nos conduzem a um mundo mais humano.

A aceitação da família

Os sentimentos de tristeza e luto também estavam presentes em nossa família. Hoje acredito que muitos não souberam como nos consolar, porque precisavam de consolo, já que, muitas vezes, o nascimento de uma criança com deficiência é visto como uma disfunção e um problema na vida da família.

Mamãe, que viera de Recife para São Paulo na intenção de me ajudar em meu terceiro parto, estava insegura. Foi difícil para ela receber a notícia. Afinal, nenhuma mãe quer que seus filhos sofram, e ela percebia meu sofrimento. Tive de repetir várias vezes que Arthur tinha Síndrome de Down, pois ela não conseguia enxergar que isso já era uma verdade. No fundo, creio que ainda esperava um milagre.

O restante de nossa família acompanhava as notícias apenas por telefone, pois morava em Recife. Deve ter sido muito complicado para eles tentar imaginar um bebezinho lindo como o Arthur, pois não vemos crianças com Síndrome de Down nos anúncios publicitários. Eles estavam apreensivos e algumas vezes pensavam que não deviam nos ligar, o que aconteceu com meu sogro.

Arthur nasceu numa terça-feira à noite, e até quinta meu sogro, Fernando, ainda não havia nos telefonado. Bruno resolveu ligar e lhe perguntou: "Pai, não vai me dar os parabéns? Afinal, tenho um novo filho". Apreensivo, ele respondeu: "Eu não liguei antes porque não sabia o que dizer. Eu daria a minha vida para que isso não houvesse acontecido com você". Com os olhos cheios de lágrimas, Bruno disse: "Pai, eu não quero um ou outro. Preciso de vocês dois, assim como são". Fernando começou a chorar, sem condições de continuar a conversa. Ele pensava que Bruno ainda estava em estado de choque e não podia visualizar o tamanho do problema que enfrentaria no futuro. Entretanto, Fernando ainda não conhecia a grandeza do amor do meu marido, nem a dimensão de seu amadurecimento. Eu sou realmente privilegiada por ter uma pessoa tão forte ao meu lado e que não me abandonou quando eu mais precisei. É triste saber que muitos casamentos se dissolvem após o nascimento de um filho com deficiência, porque o marido não se sente responsável por aquele ser. Alguns chegam até a questionar sua paternidade. No meu caso, posso afirmar que nosso relacionamento se intensificou e Bruno passou a ter mais participação na vida e nas decisões familiares.

Durante o tempo que estivemos na maternidade, pensamos qual seria a melhor maneira e o momento ideal para dar a notícia às nossas filhas. Bruno decidiu que faríamos isso assim que chegássemos em casa. Com naturalidade, dissemos que Arthur tinha um "probleminha" e precisaríamos contar com elas para ajudá-lo a se desenvolver. Milena, na época com quase 5 anos, disse que não conseguia ver nenhum problema naquele bebê fofo. Ela não fazia a menor idéia do que eu estava falando. Mariana, com 1 ano e 10 meses, nem prestou atenção à explicação.

Embora decidida a fazer o possível para aceitar a nova realidade, eu ainda estava bastante triste. As meninas percebiam e também se entristeciam. Como era difícil fazê-las entender minha preocupação quanto ao futuro de Arthur. Muitas foram as vezes que tive dificuldade em esconder meu rosto inchado de tanto chorar.

Milena tentava entender a situação, sempre buscando explicações. Quando via alguma criança de olhinhos puxados, perguntava se também tinha Síndrome de Down. Que surpresa quando, assistindo ao filme *ET, o extraterrestre*, ela me disse que o Arthurzinho era igual ao ET. Atônita, eu não sabia o que dizer: não gostaria de magoá-la, julgando a comparação que fizera, mas queria que percebesse que seu irmãozinho era uma criança como outra qualquer. Tive de aprender a respeitar seu processo de entendimento e aceitação.

Mariana só conseguia vê-lo como seu bebezinho. Todavia, com o tempo Arthur foi assumindo a posição de rival, pois eu passava muito tempo com ele. Muitas vezes eu precisei repetir que a amava tanto quanto a seu irmão, mas era necessário que eu o levasse aos médicos para ajudá-lo a se desenvolver. Apesar de todos os meus esforços, Mariana continuava irredutível: "Mamãe, eu não quero que ele tenha essa tal de Down. Quero que vocês fiquem comigo!". Então, pude perceber que a Mari também estava em processo de aceitação e era imprescindível permitir que ela se envolvesse na vida do Arthur. Os dois cresceriam juntos e, conhecendo-se um ao outro mais profundamente, eles se aceitariam.

Analisando hoje a forma como demos a notícia a nossas filhas, fico feliz de tê-las avisado assim que chegamos em casa, indicando que elas eram importantes naquele processo de acolhida de um novo bebê. Por outro lado, questiono-me se usaria novamente a palavra "probleminha". Sei o quanto é difícil escolher as palavras certas para o momento certo. Podemos treinar por um bom tempo, mas na hora de dizê-las, talvez tudo saia diferente. Entretanto, hoje eu me preocuparia em escolher uma palavra mais adequada, pois acredito que as palavras são muito fortes e podem gerar um sentimento negativo para toda uma vida. Talvez simplesmente dissesse que o Arthur nascera com características diferentes e que precisava de mais atenção para se desenvolver.

Outra observação a ser feita diz respeito à maneira peculiar que cada um reagiu quanto ao nascimento do Arthur, com duração e experiências diversas. Todavia, foi nossa união como família e nosso desejo íntimo de lutar pela felicidade do Arthur que nos fizeram passar do luto à luta de uma forma mais natural e rápida.

Uma visita especial

Dentre as muitas visitas que recebemos, lembro-me de uma em especial: a da minha querida Biba, que trouxe consigo sua amiga, que carinhosamente chamávamos de tia Lélia, de passagem por São Paulo. Assim como eu, ela não sabia o que dizer ou como agir. Eu estava sensível, como toda parturiente, e queria contar tudo o que acontecera: meus sentimentos e angústias. Biba tinha o desejo íntimo de me confortar, embora parecesse receosa de fazer perguntas pouco pertinentes. Entretanto, sabíamos que esse receio não era mais forte que o amor que existia entre nós.

Naquele instante, senti-me verdadeiramente acolhida e amparada. Fizemos uma oração e, quando acabou, tia Lélia olhou para mim e disse: "Minha filha, não se preocupe que seu filho não tem nenhum problema. Creia e verá as maravilhas que Deus tem para sua vida".

Na despedida, havia um sentimento de paz e confiança no ar, pois estávamos certas de que Deus estivera conosco em oração. Acredito que aquele momento também foi muito importante para Biba, já que ela falou para tia Lélia que confiaria em Deus se ele lhe enviasse um filho como o Arthur.

Tenho certeza de que esse foi o seu *sim* a uma missão especial que Deus lhe confiaria um ano depois. Quando soube que seu filho nasceria com SD, não entrou em desespero nem pensou em abortá-lo. Simplesmente permitiu que o amor entrasse em sua vida.

Lúcia, Biba e seus meninos, Arthur e Miguel

Mudanças à vista

Foram muito confusos os meus sentimentos até o recebimento do exame de cariótipo, o qual não só comprovaria que Arthur tinha Síndrome de Down, mas também sua etiologia. Algumas vezes eu olhava para ele e tinha certeza da alteração genética. Outras vezes achava que não. Ainda guardava a esperança de que o exame desse negativo, ou que fosse um caso de mosaicismo, algo sugerido por alguns profissionais de saúde que o examinaram. Eles comentavam que os sinais de trissomia de Arthur eram leves, indicando que ele apresentaria um desenvolvimento melhor, uma vez que não possuía todas as células trissômicas. Fiquei muito triste ao saber que ele tinha mesmo a Trissomia livre do 21 e não um caso de Mosaico. E ainda mais preocupada, pensando em um futuro bem comprometido, com poucas conquistas. Ainda assim, resolvi acreditar no geneticista, que enfatizou a importância de iniciar a estimulação o mais rápido possível. Segundo afirmou, o desenvolvimento das crianças com Síndrome de Down depende muito de um ambiente encorajador, onde todos ao redor contribuem para sua independência.

Foi nesse período conturbado que recebemos mais uma notícia inusitada: Bruno trabalharia agora em Salvador. Assim como eu, ele também é Administrador de Empresas e na época trabalhava em uma multinacional, sendo constantes as transferências para outras unidades do Brasil. Aquela seria nossa quarta mudança e, como fazíamos antes de cada transferência, as crianças e eu viajamos para Recife, nossa terra natal, e ficamos na casa dos meus sogros. Bruno providenciaria nossa vida na nova cidade.

Quando chegamos a Recife, nossa família pôde finalmente segurar nos braços aquele bebezinho inesperado. Lêda, minha sogra, disse que ele era lindo. Assim como eu, muitos o acharam parecidíssimo com a Mari. Ainda existia um sentimento de insegurança, ninguém sabia ao certo como agir.

Um mês após nossa chegada, como por providência divina, recebemos a notícia de que Bruno seria transferido para Recife dentro de dois meses. Que felicidade ao saber que criaria meus filhos com a ajuda de minha família! Seria bem

Arthur e vovó Lêda, no dia do batizado

mais fácil levar Arthur às terapias, sabendo que minha mãe e minha sogra poderiam suprir minha ausência. As meninas teriam um suporte muito maior e eu, o apoio das pessoas que verdadeiramente me amavam. E como isso foi importante naquele momento em que eu estava tão frágil!

Um dia, voltando da padaria, perguntei a Lêda se ela havia percebido a forma como as pessoas olhavam para o Arthur. Era como se tentassem adivinhar se ele tinha algum problema. Algumas vezes eu podia até ouvir comentários do tipo: "Olha, ela tem um filho doente". Outras pessoas pegavam a mão do Arthur e tentavam disfarçadamente ver se ele tinha a prega palmar única, característica da alteração genética. Eu simplesmente preferiria que me perguntassem, pois não havia nada a esconder.

Ao mesmo tempo, eu também percebia o carinho e o entusiasmo com que muitas pessoas tratavam outros bebês. Mais: notei que algumas chegavam a cumprimentar e fazer brincadeiras com minhas filhas, mas não se dirigiam ao Arthur. Isso me entristecia, e por vezes pensei como seria bom ter uma criança comum. Nesses momentos, Lêda me confortava, dizendo: "Lúcia, vamos ter que sair muitas vezes com o Arthur, até que os outros o vejam de forma natural".

Decidi que o levaria comigo aonde eu fosse e passaria a beijá-lo mais em público, para que as pessoas soubessem como ele era amado. Imaginava que o carinho com que eu cuidava dele inspiraria os outros. Ademais, tentava servir de ponte de comunicação entre Arthur e as outras pessoas, explicando o que ele queria, mostrando como elas poderiam segurá-lo no colo ou mesmo que tipo de brincadeira ele gostava. Hoje posso relembrar como foi mais fácil estar com minha mãe nesses momentos, pois me sentia forte para enfrentar qualquer comentário pouco pertinente.

Além disso, o carinho com que mamãe cuidava do Arthur, bem como toda minha família, transmitia uma mensagem positiva quanto a conviver com uma pessoa com SD. Tempos depois, tive a certeza de que nossas atitudes estavam repercutindo da maneira esperada quando escutei, de um desconhecido, sua admiração pelo amor que nossa família tinha pelo Arthur e seu desejo de poder ajudar as pessoas com SD.

2004
O primeiro ano

Como todo recém-nascido, era complicado lidar com o Arthur. Ele era muito molinho, por causa da hipotonia – a redução do tônus muscular de bebês com Síndrome de Down –, e eu morria de medo de deixá-lo cair. Sentia-me inexperiente, como uma mãe de primeira viagem. Além disso, ele quase não chorava, mesmo se

Momentos de carinho, fundamentais
para o relacionamento mãe e filho

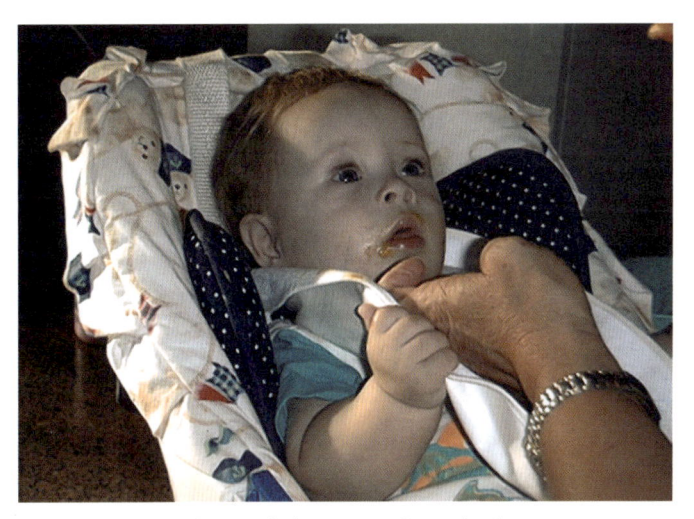
Exercícios fonoaudiológicos na hora da alimentação

estivesse com fome ou com a fralda suja. Também não parecia reagir aos barulhos da casa. Eu tinha a sensação de que teria de viver por ele e por mim. E tentava adivinhar seus sentimentos e necessidades, quando queria dormir ou comer.

Mamãe dizia que era muito fácil tratar do Arthur. Por um lado isso era verdade, pois ele era muito calmo e dormia a noite toda. Mas, por outro, eu me questionava o que era da síndrome ou o que era decorrente do desenvolvimento de qualquer bebê. Resolvi ler mais sobre SD, querendo entender essas diferenças. Aos poucos fui desmistificado alguns conceitos e entendendo a melhor maneira de lidar com tudo aquilo. Por exemplo, precisava encontrar meios para que ele se interessasse em levar as mãos à boca, o que era difícil por causa de sua hipotonia. O uso de um chocalho em forma de pulseira foi muito útil.

Descobri também que Arthur não reagia aos sons porque apresentava uma perda auditiva. Como conseqüência, deveria fazê-lo olhar para meus lábios, enquanto eu falava e, de preferência, usar um batom com tom forte, para chamar sua atenção. Também li que era normal os bebês terem pele ressecada, de modo que deveria hidratá-la todos os dias. Para elevar o tônus muscular, precisava fazer massagem em seu corpo com materiais de diferentes texturas (como um pano aveludado, bucha macia e bucha vegetal, algodão e a própria mão). Para aumentar seu interesse e forçá-lo a segurar o pescoço, eu carregava o Arthur encostando suas costas em minha barriga. Assim, ele ficava de frente para as pessoas que se aproximavam e podia interagir mais facilmente. Eu nomeava as partes do seu corpo durante o banho e narrava tudo o que estávamos fazendo;

assim, ele aprenderia novas palavras que facilitariam sua comunicação.

Eu estava sempre atenta para favorecer o desenvolvimento do nosso filho, de modo que ainda antes de completar 2 meses ele já fazia fisioterapia motora. Com mais ou menos 4 meses, também realizava exercícios fonoaudiológicos, auditivos e motores, bem como terapia ocupacional. Em algumas semanas ele chegou a fazer 13 sessões de terapias, em razão das repetidas crises respiratórias.

Eu não media esforços para ajudá-lo a se desenvolver. Tudo o que pediam, eu me empenhava ao máximo para realizar. Como uma pessoa perfeccionista, conservava em mim a vontade de ter a *melhor* criança com Síndrome de Down. Queria que ele fosse *o exemplo* de uma criança bem trabalhada e estimulada.

Arthur vinha se desenvolvendo bem, mas eu sempre queria *mais*. Eu procurava aprender tudo e pedia aos terapeutas que me ensinassem os exercícios para fazer em casa, pensando em uma melhoria contínua. Por outro lado, alguns terapeutas solicitavam uma série de exercícios difíceis para um leigo, além de desconsiderar minha rotina atribulada com três filhos pequenos. Eu não percebia, mas buscando ser terapeuta do Arthur, eu estava me esquecendo de ser sua mãe.

Miriam, a terapeuta ocupacional, estava preocupada com meu comportamento. "Lúcia, você não precisa comprar todos esses equipamentos e brinquedos especializados. Também não é necessário que saiba toda a técnica dos exercícios. Seu papel é despertar o interesse e a independência do Arthur", ela tentava me explicar. Ou seja, eu teria de criar situações em que ele interagisse com as pessoas e o ambiente ao seu redor. Com o passar do tempo, ele iria naturalmente se sentar, engatinhar e andar. Entretanto, eu teria de resistir à tentação de fazer as coisas por ele, para que aos poucos fosse aprendendo a fazê-las sozinho.

Recordo-me da aflição que senti ao deixá-lo de bruços no chão, como parte dos exercícios para fortalecer seus tônus muscular e ensiná-lo a engatinhar. Ele estava aproximadamente com 8 meses e ainda nem conseguia se arrastar. Ficava cansado com facilidade e adorava lamber o chão. Ansiosa, precisava me segurar para não o empurrar até seus brinquedos. Aos poucos, fui percebendo que ele ainda não tinha muito interesse nos brinquedos. Então decidi colocar uma mamadeira de suco na sua frente.

Confesso que me sentia uma bruxa, especialmente quando minha sogra dizia: "Coitadinho!". Mas eu ficava repetindo dentro de mim: "Vamos Tutu, você é capaz!". No final, eu sempre o ajudava, pois não queria que tivesse um sentimento de fracasso; mas ele precisava se esforçar. Aos poucos foi se arrastando e estou certa de que isso contribuiu muito para seu desenvolvimento motor.

Foram muitas horas de terapias e trabalho, leituras de diversos livros, uma rotina bem exaus-

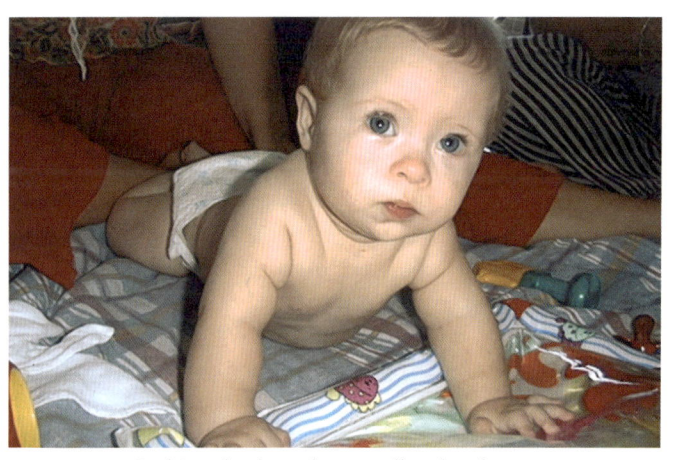

O chão, desde cedo, o melhor local para passar a maior parte do dia

tiva. Eu tentava conciliar todas as atividades do Arthur e ainda procurava meios para cumprir meu papel de mãe e esposa. Não foram poucos os dias em que me vi chorando por não conseguir dar conta de tudo o que eu me propusera a fazer. Minha saúde não tardou a sofrer as conseqüências do meu comportamento: gastrite, insônia, asma, enxaquecas... Além disso, a família reclamava minha ausência.

O amor que transforma

Certo dia, esperando Arthur em uma de suas muitas sessões de terapia, encontrei um menino de aproximadamente 4 anos e sua mãe. Eles transbordavam alegria. Era lindo ver como se relacionavam: com muito carinho e uma intimidade profunda. Fiquei ali, durante algum tempo, intrigada por ver como poderiam ser daquele jeito, tão incrivelmente felizes. Para os meus padrões errôneos de felicidade, não tinham nada para estar sorrindo. Eram pobres, não se vestiam bem, estavam em uma grande fila de um hospital público, não eram de uma beleza exemplar e, pelo modo como a mãe falava, ela não parecia alfabetizada.

Aquela cena me incomodou ainda mais quando percebi que o menino tinha Síndrome de Down. Comecei a chorar. Eu estava em uma situação completamente inversa, plenamente abençoada por tantas graças e, por ironia, não era feliz.

Vendo-me chorar, a mãe se aproximou e me perguntou o que estava acontecendo. Eu lhe disse que também tinha um bebê com Síndrome de

Down e elogiei o desenvolvimento e a inteligência do filho dela. Quis saber o motivo daquela felicidade contagiante. Ela me contou, então, por que estava radiante: em breve, eles retornariam para casa, após um longo período de internação. Seu filho tinha leucemia e precisava fazer a quimioterapia internado, pois seu corpinho ficava muito debilitado. "Os médicos estão felizes com a recuperação dele e vivem me perguntando o que faço para ele se desenvolver tão bem", comentou com os olhos brilhando de excitação.

Ainda mais chocada com essas palavras, perguntei-lhe: "Conte-me, então, o seu segredo, para que eu faça o mesmo com meu filho". Como administradora, eu queria respostas concretas. Estava disposta a comprar um novo livro ou talvez um novo remédio, fazer um novo exercício, ou o que fosse. Foi com surpresa que a escutei dizer: "Todos os dias eu *drobo* meu joelho no chão e peço a Deus para cuidar e ensinar o meu filho".

As lágrimas me saltaram aos olhos. Comecei a soluçar baixinho, enquanto escutava aquela humilde senhora repetindo palavras tão simples, mas de uma sabedoria profunda. Levantei a cabeça e olhei bem dentro de seus olhos e pude, então, enxergar a beleza daquela forte mulher diante de mim. Enfurnada em meu mundinho de preocupações, eu não conseguia perceber que, durante todo aquele tempo, eu estivera negligenciando a parte mais importante do meu relacionamento com o Arthur: *o amor*, que "é paciente, bondoso, não tem inveja nem é orgulhoso. Não é arrogante. Nem escandaloso. Não busca seus próprios interesses, não se irrita, não guarda rancor. Tudo desculpa, tudo crê, tudo espera, tudo suporta" (1 Coríntios 13,4-7).

Fora o amor que transformara a vida daqueles dois. O amor que aceita e acredita na capacidade do outro. Que respeita a individualidade e supera limitações. Todo o carinho com que aquela mãe, mesmo sem saber, estimulara o filho, contribuíra grandemente para o seu desenvolvimento. Sentindo-se amado, percebera-se livre para tentar, errar e acertar. Atitudes aparentemente banais, como deixá-lo carregar sua própria mochila, tomar água sozinho, expressar sua vontade, pegar o lanche e se servir, sociabilizar-se com os outros, estavam-no direcionando a uma independência futura.

A partir daquele dia, passei a valorizar muito mais o relacionamento de amor com meu filho,

O apoio das irmãs no desenvolvimento de Arthur

atribuindo mais prazer a todos os momentos que passávamos juntos. Compreendi que as inúmeras sessões de terapia não serviriam de nada se eu não as fizesse com amor. Enxerguei que minha necessidade em aprender mais e mais sobre a alteração genética de nada adiantaria se não me relacionasse amorosamente com Arthur. Percebi que de nada valeria cumprir todas as etapas do desenvolvimento humano se eu não aproveitasse cada momento de carinho que ele me dava. E tudo isso se estendia para minha família. Todos precisavam de mim e o amor passaria, a partir de então, a guiar meu relacionamento familiar.

A aceitação de minha vida

A grande transformação que Arthur possibilitou a minha vida foi perceber que, no fundo, *eu* não me aceitava. Queria ser *mais* que os outros: mais produtiva, mais bonita, mais magra, mais inteligente – *perfeita*. Almejava uma vida sem defeito: marido e filhos lindos, um ótimo trabalho, realização pessoal e profissional, amigos e dinheiro. Pretendia conciliar meus afazeres como mãe, mulher e profissional. Sonhava em agradar a todos. Uma busca contínua rumo à depressão, pois é impossível atingir todas as metas que planejamos. Somos humanos. Somos limitados.

Aos poucos fui descobrindo que a aceitação do Arthur passava primeiramente pela minha própria aceitação. Eu necessitava amar minha vida como ela se apresentava a mim. Isso não significava um comportamento passivo, mas o reconhecimento de que a vida é um dom de Deus. Ele havia me confiado muitos dons e esperava que eu cuidasse e multiplicasse os meus talentos. Eu precisava evoluir, mudar, construir. Percorrer um caminho de busca, mas não a busca da perfeição: *a busca da santidade*.

Algumas vezes pensamos que esses são caminhos semelhantes, porque visam a uma constante melhoria. Mas a busca pela perfeição escraviza e nos traz um sentimento de insatisfação, pois quer desesperadamente sempre mais e não aceita fracassos. A busca pela perfeição nos entristece e as quedas nos desanimam. O perfeccionista é detalhista e dá muita importância a pequenos erros, contentando-se apenas com cem por cento de acerto. Pensa que só será amado se não tiver defeitos. Conseqüentemente, empenha-se em eliminar vícios e adquirir virtudes, mas se esquece de aceitar sua condição humana. Tendo dificuldade de aceitar-se e exigindo demais de si mesmo, termina por exigir demasiadamente dos outros.

A santidade, por outro lado, consiste em abrir-se para o amor. Percorrendo o caminho da santidade, a pessoa procura aceitar a si mesma e ao próximo do jeito que cada um foi criado: com virtudes e limitações. A santidade é alcançada pela graça divina e não pelo esforço isolado, repetitivo e egocêntrico. Para o santo, suas quedas não lhe trazem desânimo e desesperança, pois ele confia na misericórdia divina. Não dá demasiado valor ao erro, mas se alegra por suas pequenas vitórias. Sabe que não merece ser amado incondicionalmente por Deus, mas aceita ser amado por Ele e pelos outros. Do mesmo modo, não espera que os outros sejam dignos do seu amor, mas tenta amar seu próximo com o amor incondicional que recebe de Deus. É por tudo isso que a santidade liberta o ser humano. Desse modo, a santidade é para todos e não para uns poucos escolhidos como erroneamente pensamos.

Embora tenha decidido buscar a santidade, algumas vezes me desvio para o caminho da perfeição e da intolerância. Como é difícil amar a nós mesmos como somos e aceitar a forma como os outros nos amam! A oração tem sido um meio para que eu volte ao caminho certo. Pela oração, a graça de Deus nos invade e nos impulsiona ao amor. E podemos perceber que amar a Deus significa necessariamente amar ao próximo que está bem ao nosso lado.

Estou ciente de que o termo santidade pode gerar controvérsias, porque sempre esteve associado a determinada religião ou a uns poucos "escolhidos". Ademais, a sociedade chegou até a deturpar essa terminologia, usando-a como sinônimo de pessoas ingênuas ou mesmo bobas. Entretanto, tenho a intenção de resgatar o poder e o verdadeiro significado desta palavra, qual seja, uma vivência de amor. Todos fomos chamados a um plano de amor, e essa deveria ser a base de nossa sociedade. Se cada um vivenciasse plenamente essa missão, não haveria espaço para a ganância, o individualismo, a intolerância, a falsidade. Como resultado, o mundo não sofreria as conseqüências desta falta de amor: guerras, fome, violência, destruição e exclusão.

O amor gera amor, atrai sentimentos bons e boas obras. E todo esse ciclo de amor começa com nosso pensamento, nossa real intenção de fazer o bem. Então, a partir de um pensamento de amor, passamos a acreditar na prática do bem e a gerar sentimentos positivos que nos levarão a conseguir tudo o que sonhamos. Alguns chamam isso de pensamento positivo ou poder da mente. Eu chamo de PODER DO AMOR, que não se restringe apenas a nossos sonhos ou desejos particulares, mas que se amplia para a prática do bem comum. Por isso posso dizer sem medo que todos fomos chamados à santidade.

A descoberta

Após o encontro com aquela sábia senhora, entendi que minha felicidade passava pela valorização das pequenas coisas e pela aceitação da minha vida. Eu precisava mudar a forma como via as coisas e dar importância ao que já havia conseguido, sem me preocupar tanto com aquilo que ainda era um sonho.

Com a ajuda de Miriam, terapeuta ocupacional, comecei a perceber todos os pequenos progressos que Arthur alcançara. Cada sorriso, os sons que emitia, tentando conversar, seu olhar atento ao manipular um novo brinquedo, o interesse em comer com as mãos, o esforço em ficar de pé ao ensaiar os primeiros passinhos, sua alegria em assistir a um filme, suas tentativas de fazer xixi igual ao papai. Progressos despercebidos anteriormente por mim, uma vez que eu sempre queria que ele realizasse tudo rápido.

Arthur passou a chamar minha atenção ainda mais e batia palmas todas as vezes que eu vibrava com suas conquistas. Passei a ser seu apoio

Arthur vibrando por estar com sua roupa de super-herói

para que não desistisse de tentar. Em contraparti-da, aprendi a esperar mais. Afinal, eu teria de lhe dar a oportunidade de acertar.

Não foi fácil entender isso. Precisei que mi-nha irmã Izabel, que também é terapeuta ocupa-cional, desse-me um susto. Numa conversa, ela me disse que o Arthur nunca falaria. Indignada, perguntei o porquê. "Lúcia, você fala o tempo todo e não espera que o Arthur se expresse, mesmo que seja do jeito dele", explicou calmamente. Muitas foram as vezes que ela me pediu silêncio e, para minha surpresa, Arthur balbuciava alguns sons, numa tentativa de interação. Passei a escutá-lo mais, a repetir os barulhos que ele fazia, dando significado a tudo. Assim, para um *"Ma"* eu dizia "Isso mesmo, Tutu, *mamãe"*.

Também tentei observar o comportamento do Arthur e descobri que ele aprendia mais facilmente com conceitos concretos voltados para sua realidade, para seus interesses. Ele amava comer e eu poderia explorar isso, sem desconsiderar sua tendência a engordar. Assim, durante as refeições (com quantidades definidas), eu aproveitava para nomear as frutas e alguns alimentos. Depois passei a mostrar as cores e quantidades. Comecei a dar parâmetros para que ele pedisse sua própria comida. Primeiro apontava o que queria. Depois passou a balbuciar um som na tentativa de dizer uma palavra, "maçã", por exemplo. Aos poucos, começou a pronunciá-la melhor e eu vibrava com suas conquistas. Eu tinha consciência de que ele não sairia falando uma frase completa do dia para a noite, mas sabia que ele estava se familiarizando com uma série de palavras que o ajudaria a se comunicar mais adiante. Percebi também que o uso de gestos o auxiliava na memorização de sua rotina. Dessa forma, associei um gesto para cada comando do tipo "hora de tomar banho", "quer comer?", "hora de dormir". Com o passar do tempo, mesmo quando eu não fazia mais o gesto, ele ainda repetia feliz o movimento.

Minha rotina ainda era muito árdua, mas agora eu usava a brincadeira das crianças para estimular o desenvolvimento delas. Buscava no dia-a-dia situações concretas e enriquecedoras, em vez de repetir exercícios enfadonhos que não faziam sentido para o Arthur e que ainda me estressavam. Um bom exemplo disso foram as sessões de "terapia do beijo", nas quais eu enchia o Arthur de beijos e abraços, visando diminuir sua hipotonia. Era maravilhoso para mim e ele quase morria de tanto rir.

O retorno a São Paulo
e o segundo ano de vida

Mais uma transferência de Bruno. Retornaríamos a São Paulo dentro de quatro meses. Arthur ainda estava com 1 ano e 7 meses. A princípio, fiquei preocupada, pois sabia que meu tempo com ele seria menor. Afinal, tinha toda uma vida para organizar. Além disso, perderia o suporte da família. Precisaria deixar Arthur se desenvolver mais naturalmente, pois não estaria tão presente em sua estimulação.

Uma das primeiras providências que tomei ao chegar a São Paulo foi procurar uma escola para as crianças. Já elaborara um plano: conhecer a escola na intenção de matricular nossos três filhos e só no final, se gostasse do atendimento, é que perguntaria se tinham experiência com alunos com Síndrome de Down.

Agi conforme o planejado e fiquei muito feliz com uma primeira escola: um espaço agradável, ventilado e bem decorado, um número satisfatório de alunos por sala, professores atenciosos, e alunos que pareciam se divertir em seus projetos de estudo. Era um bom começo. Conversando mais detalhadamente sobre a pedagogia de ensino com a coordenadora, resolvi comentar que meu terceiro filho tinha Síndrome de Down. Até então bastante motivada com três novas matrículas, ela não conseguiu disfarçar sua surpresa e preocupação, passando a dizer que aquela escola, anteriormente perfeita, agora era muito grande, com muitos alunos por sala e sem professores preparados. O Arthur não conseguiria acompanhar o ensino.

Com lágrimas nos olhos, tirei a foto do Arthur de minha bolsa e disse: "Meu filho é uma criança comum. Esta escola é que não tem condições de recebê-lo, nem às minhas filhas". Ainda comentei: "Por lei, vocês são obrigados a receber uma criança com deficiência. Mas não quero meu filho numa escola que o trate como diferente". Agradeci a atenção e me retirei. Chorei por um bom tempo, indignada com a incapacidade daquela coordenadora. Josiana, uma grande amiga que havia me acompanhado, também ficou sensibilizada, mas me consolou dizendo que iríamos achar uma escola que aceitasse as três crianças.

Visitei outras escolas e novamente escutei comentários de que elas não estavam "preparadas" para receber meu filho. É mais fácil seguir usando técnicas e dinâmicas de ensino conhecidas, embora por vezes ultrapassadas. Todavia, a realidade atual exige uma educação de qualidade e escolas que hoje se dizem "despreparadas" serão a minoria no futuro. Muitos pais preferirão escolas que formem cidadãos àquelas preocupadas apenas com a transmissão do conhecimento.

Não me sentindo segura quanto às escolas visitadas e sabendo que Arthur ainda era pequeno (acabara de completar dois anos), resolvi postergar a decisão de colocá-lo na escola, considerando o segundo semestre mais oportuno.

Durante aqueles meses, continuaríamos a estimulá-lo em casa e nas terapias, além de contratar uma babá para me ajudar com o cotidiano dos três. Como regra da casa, ninguém poderia fazer algo por Arthur sem que ele tentasse primeiro. Ele precisava tentar tomar banho, abrir o xampu e passar perfume, vestir-se, sentar-se no "cadeirão" para comer, subir e descer escadas, tudo sozinho. Lógico que estávamos sempre por perto, para ajudar e socorrer se fosse necessário. Mas tínhamos em mente que, aos poucos, ele precisa-

As irmãs como fonte de inspiração

va se tornar independente. Isso requeria de nós grande paciência, pois era muito mais fácil e rápido fazer tudo por ele.

As meninas ajudavam a tornar aqueles momentos uma festa (outras vezes, um momento estressante). Elas foram fonte de inspiração para o Arthur, pois desciam todos os dias para o parquinho do prédio e o estimulavam a andar, subir no escorregador, brincar na grama e com seus brinquedos, jogar bola. Elas participavam das historinhas que eu contava, deixando-as mais concretas ao utilizarem suas bonecas como personagens. Às vezes Arthur assumia o papel de bebê e elas o alimentavam e cuidavam dele com muito carinho. Também cantavam para ele, insistindo que repetisse qualquer parte da música. Quando isso acontecia, elas corriam para contar o grande feito do irmãozinho.

A interação entre as crianças e o progresso do Arthur foi demonstrando a importância das atividades cotidianas para seu desenvolvimento.

A união dos irmãos, Milena, Arthur e Mariana

Passei a criar situações que o estimulassem a falar e esperava que ele respondesse. Com a ajuda das terapeutas, fui aos poucos tentando adaptar as atividades das terapias em nossa rotina.

Arthur em um ambiente inclusivo

Depois de alguns meses, sentindo-me cansada e sem tempo para estudar e realizar as atividades da casa, decidi colocá-lo na escola. Ele estava com 2 anos e 5 meses e precisava se socializar com crianças de sua idade. Como em cada situação nova, fiquei preocupada, principalmente quanto à reação dos pais das outras crianças da escola regular. Não fiquei receosa com a atitude dos alunos, porque sabia que eles o veriam apenas como um novo colega. As crianças não são naturalmente preconceituosas, mas aprendem a sê-lo se percebem esse comportamento em seus pais.

Uma situação interessante aconteceu no primeiro dia de aula. Várias crianças entraram em uma casa de brinquedo e ficaram conversando. Arthur chegou depois e começou a beijar todo mundo. Um menino não gostou daquele beijo e o empurrou. Assistindo à cena, quase voei para proteger meu filho. Segurei-me na grade do parquinho e pensei: "Ele precisa aprender a se defender". Depois de algum tempo, ele ainda continuava beijando as outras crianças, sem parar. As meninas até gostavam, mas para os meninos era demais. Aproximei-me dele e disse: "Tutu, agora chega. Já beijou demais. Vamos brincar de outra coisa".

Essa mesma situação aconteceu em uma festa de aniversário que fomos juntos, só que dessa vez a criança que se chateou tinha mais ou menos 7 anos. Confesso que, a princípio, fiquei sem reação, pois é complicado pedir para seu filho parar de fazer uma coisa tão delicada como dar beijos. Tive vontade de dizer ao menino que ele precisava aprender a apreciar um gesto carinhoso, mas ele já havia partido em retirada, muito ocupado para notar que o Arthur estava paradinho, no centro do salão, sem saber o que fazer. Aproximei-me dele e disse: "Meu lindo, adoro quando você dá beijinhos, mas agora é hora de brincar". No fundo, queria ensiná-lo a não se machucar quando alguém reagisse diferente do que esperava, mas sabia que somente pela exposição a essas situações reais é que ele se sociabilizaria.

Hoje não tenho mais dúvidas de que tomei a decisão certa ao matriculá-lo em uma escola regular. A escola possibilita não apenas relacionamentos de amizade, mas é o local onde ele faz suas descobertas e tem momentos de alegria e interação. Os alunos são uma referência positiva para que ele saiba que precisa guardar a língua dentro da boca, correr para acompanhar seus amigos, falar mais devagar e com melhor pronúncia para se fazer entender. É nesse ambiente inclusivo que o Arthur conseguirá sua independência futura.

Sem dúvida a escola tem ajudado muito no desenvolvimento do meu filho, e como me alegro ao relembrar suas tentativas e descobertas. É certo que algumas delas foram mais preciosas e me arrancaram lágrimas dos olhos, pois significaram frutos de muito empenho, como aconteceu quando ele disse o nome de seu primeiro amigo. Todas as vezes que o pegava na escola eu perguntava quem havia ido à aula. Minha intenção era que ele praticasse o nome dos coleguinhas. No começo não respondia nada. Depois passou a dizer "Au-au". Parecia que, para ele, havia um cachorro na escola. Não desisti e continuei dando mais referências, repetindo o nome de seus amigos. Mas tudo era muito abstrato. Resolvi tirar uma foto de cada criança e fizemos um jogo da memória. Hoje, ele não só sabe o nome de seus amigos como

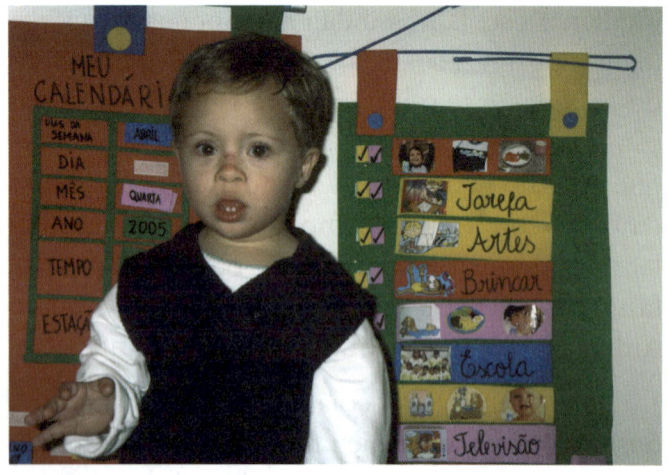

A organização da rotina em casa facilita o dia-a-dia

também diz quem foi à escola, mesmo que eu não lhe pergunte. Ah, sim... um detalhe: muito tempo depois, descobri que o tal cachorro que ele mencionara fazia parte de uma história que a professora havia contado em aula.

Conversando com a professora do Arthur, ela me disse que eu precisava cantar mais com ele, já que se divertia muito com as canções da escola. Isso o ajudaria a ampliar seu vocabulário de forma lúdica, além de ensinar noções de ritmo e estimulá-lo a dançar. Comentei que sempre cantava para o Arthur, mas às vezes ficava triste porque ele não tentava me imitar. Eu adorava cantar a música "Atirei o pau no gato", a preferida de minhas filhas quando eram pequenas, mas embora eu a repetisse todos os dias, ele ainda não fazia nenhuma tentativa de cantá-la. Tive vontade de desistir muitas vezes, mas me lembrava dos conselhos de Miriam, dizendo para continuar insistindo. Depois de muito tempo, comecei a escutar seus primeiros sons. Hoje, todas as vezes que insisto em cantá-la, Arthur diz "Essa não, mamãe; quero a do peixe". É o seu recado dizendo para eu parar de cantar e colocar o CD de músicas infantis que ele tanto ama. E foi a partir daí que aprendi a nunca subestimá-lo.

A entrada do Arthur em uma escola regular também abriu portas para a estimulação e aprendizagem fora dela, complementando, assim, o trabalho que já era feito pela família e pelos profissionais de saúde. Não posso descrever minha felicidade quando fomos a uma festa e vi alguns de seus amigos correrem em sua direção, dizendo em coro: "Arthur chegou!". Tendo seu próprio círculo de amizade, passou a ser estimulado, embora sem saber, nas festas de aniversários, quando ia à casa de um amigo ou mesmo quando passeava no *shopping*. Dessa maneira, ele se encontrava em um ambiente inclusivo, onde todos poderiam estimulá-lo direta ou indiretamente. Para que isso acontecesse de forma natural, eu me coloquei como ponte entre as pessoas e meu filho, estando aberta para responder dúvidas sobre a Síndrome de Down e deixando os outros à vontade para perguntar. Também incentivava as pessoas a se relacionarem com o Arthur, permitindo que ele se aproximasse delas e lhes perguntasse o nome, ou pedindo que cumprimentasse a todos. Hoje, muitas vezes ele entra numa loja e diz: "Bom-dia, pessoal!", acompanhado de um lindo sorriso. É o seu convite a uma interação, em que as pessoas perguntam seu nome, onde estuda e quantos anos tem. Fico radiante ao escutá-lo responder esse repertório sozinho, sem necessitar mais de minha ajuda. Todavia, se fala algo que as pessoas não entendem, eu repito o que ele disse, para que aos poucos também possam compreendê-lo, ampliando, desta maneira, sua interação.

O convívio com os amigos e com as pessoas que entramos em contato no nosso dia-a-dia é valioso para o Arthur, pois ele está mais desinibido, demonstra mais segurança, além de estar melhorando sua dicção. Por isso que não me importo de pedir a ajuda dos amigos que auxiliam, e muito, na estimulação do Arthur. Infelizmente, alguns pais ficam temerosos ou mesmo receosos ao se dirigir a ele, esquecendo-se de que o mais importante é agir com naturalidade. Consigo entendê-los, pois às vezes também não sei como me portar. Quando isso acontece, eu paro e me pergunto: "Eu reagiria assim se fosse com minhas filhas?". Em caso afirmativo, sigo em frente sem medo de errar.

Posso ver claramente o processo de independência do nosso filho, especialmente quando ele me dá um adeus rápido e vai brincar com os amigos. Eu fico ali parada, feliz pela conquista, mas saudosa do tempo em que ele tanto precisava de mim.

Não é apenas o Arthur que se beneficia com essas interações sociais. Todos nós nos tornamos mais amadurecidos, sensíveis e aprendemos a olhar a vida sob uma nova ótica. Passamos a valorizar nossas pequenas conquistas, respeitamos nossas diferenças e nos interessamos mais em ajudar. Não tenho medo de ousar ao dizer que os amigos do Arthur, bem como nossas filhas, estarão mais preparados para lidar com as diferentes circunstâncias da vida, porque desde cedo já estão em contato com elas. Sabem mudar a estratégia de um jogo para que o Arthur participe mais;

são solidários em ajudá-lo a descer do alto do escorregador, quando ele está com medo e insiste em ficar lá, e aprendem a respeitar o tempo de cada um. São aprendizados que não conseguimos pela leitura de livros, mas pela vivência em uma sociedade inclusiva.

Uma nova forma de encarar a vida

Deus mudou o curso de minha história quando me enviou o Arthur. Embora tivesse grandes sonhos de modificar o mundo e contribuir para uma sociedade mais justa, eu nada fazia para que isso acontecesse. Vivia presa numa verdadeira roda-viva: cuidar da família, estudar, fazer ginástica, divertir-me e juntar dinheiro. Em meus planos, gostaria de rezar mais, ajudar os pobres, visitar os enfermos. Mas a realidade nunca permitia. Não tinha tempo para nada, porque lutava para conciliar minha realização pessoal e profissional. Era estressada e infeliz.

Arthur veio me mostrar uma outra verdade, abrindo meus olhos para enxergar o amor de Deus em minha vida. Primeiramente passei a vê-lo como um PAI BONDOSO que tudo provê. Meus anos de catequese me ensinaram que Deus era o criador de todas as coisas, mas Arthur me fez experimentar O AMOR DE UM PAI PRESENTE, que nunca nos abandona. Deus sempre esteve comigo, embora algumas vezes não percebesse sua presença. Como o ar que respiramos, não podemos ver nem tocar, mas sem ele não vivemos.

Aos poucos, pude perceber a DIVERSIDADE da obra divina: homem, mulher, animais, vegetais e minerais. Nenhum igual ao outro. Tantos detalhes, tanta variedade... Quanta beleza! Loiros, morenos, ruivos. Grandes, pequenos. Seres inanimados e seres vivos. Complexos e simples. Todos diferentes.

Depois, descobri que é preciso TEMPO E DIS- POSIÇÃO para enxergar, ver com outros olhos aquilo que está a nossa frente. Quantas vezes fui incapaz de admirar minhas filhas enquanto dormiam. Estavam tão grandes! Deixei de observar a singularidade de cada pétala das rosas que recebi de meu marido. Quantos momentos disse um "obrigada" automático, sem olhar fundo em seus olhos e dizer o quanto o amava!

Deixei de apreciar o pôr-do-sol, porque estava correndo para cumprir mais uma tarefa, ou fui incapaz de perceber que cada flor tem seu tempo de desabrochar. Não me deliciei com um morango suculento nem me diverti assistindo várias vezes a um mesmo filme, descobrindo novos detalhes. Sim, Arthur dedica-se a coisas desse tipo, e como se diverte! No início, eu pensava que tudo era uma grande perda de tempo. Eu precisava correr, sempre. O dia era curto para tantas atividades e muito estresse. Não tinha tempo para ser feliz.

Como podemos dizer que buscamos a felicidade se estamos sempre inquietos e insatisfeitos? Na verdade, buscamos vitórias ilimitadas que por vezes vão de encontro a nossa natureza humana. E o pior é que nem sempre nos damos conta da roda-viva de superações em que estamos. Precisamos ser invencíveis, fortes, corajosos, vencer qualquer obstáculo; enfrentar o medo e não fracassar. Não podemos reconhecer nossas limitações, pois seria como assinar nossa derrota, nossa dependência.

No entanto, o que somos, na verdade? Seres humanos, frágeis, limitados, indefesos diante de uma vida que não podemos controlar. Ao mesmo tempo, muitos se esquecem de que também somos dotados de uma alma divina. Sim, com o poder e a graça deste Pai que nos criou, somos capazes de coisas inimagináveis. Superações imprevisíveis. Conquistas dignas dos mais poderosos super-heróis. Vitórias que não podem ser explicadas aos olhos de uma sociedade capitalista:

o prazer do dar sem esperar a troca; ajudar sem interesse; uma conquista simples; o milagre de estar vivo; o calor de um beijo e o conforto de um abraço.

Com o Arthur aprendi uma nova forma de enxergar a vida. Mais simples, quando não teima-

Arthur e as irmãs com vovó Hilda

mos em complicá-la. Mais fácil, quando aceitamos o que pode ser feito agora, sem deixar de lutar por nossos sonhos. Mais feliz, quando aprendemos a curtir o momento presente, deixando o futuro para aquele que nos criou.

Arthur me lembra todos os dias que nossa verdadeira missão é amar. É para isso que estamos aqui. Nossa vida é um plano de amor, pois foi por esse amor que fomos criados. Deus nos amou primeiro e tem por nós um amor incondicional que é dedicado a cada uma de suas criaturas, sem distinções. É nesse amor que encontramos a verdadeira felicidade, porque o amor nos completa e nos faz crescer. É o amor que nos faz livres do preconceito, da mentira, do egoísmo, da vaidade, do orgulho, da maldade. Livres para nos aceitar como somos: diferentes. Livres para fazer o bem. É por certo uma busca contínua, com quedas e conquistas. Mas com a certeza de que um mundo melhor começa com a iniciativa de cada um de nós.

Não posso dizer que seja fácil. Diversas vezes seremos tentados a desistir, pois é dificílimo amar incondicionalmente, amar sem interesse. Ainda mais difícil quando nos sentimos injustiçados ou quando somos maltratados.

Segundo a lei da física, a cada ação corresponde uma reação. Então, diante de uma pessoa agressiva, queremos reagir com agressividade. Diante da falsidade ou desonestidade, nossa tendência é agir do mesmo modo. É nosso lado humano que fala mais alto. Entretanto, o amor é capaz de quebrar o ciclo da maldade e nos direcionar para o bem. Sei que isso requer uma atitude corajosa, mas precisamos ter em mente que podemos ser os impulsionadores da corrente do bem. Uma vez iniciada, essa corrente poderá se estender, como um fogo ardente, para nossa família, amigos mais próximos e a sociedade como um todo. Não podemos mais esperar que os outros dêem o primeiro passo, pois assim estaremos postergando a nossa própria felicidade.

Arthur:
o desafio e suas conquistas

Quatro anos se passaram. Tudo foi tão rápido e, de certa forma, muito parecido com a época das meninas. É verdade que tive de esperar um pouquinho mais. Precisei aprender a respeitar o tempo de cada um dos meus filhos e suas diferentes habilidades.

Arthur é uma criança como outra qualquer. Freqüenta uma escola regular, tem vários amigos, pratica esportes, vai às festas, diz o que quer e se chateia quando não é atendido. Quando faz travessuras, fica de castigo e briga com suas irmãs para conseguir seus brinquedos. Muitas crianças conseguem se desenvolver naturalmente, como o Arthur, porque seus pais acreditam na capacidade de seus filhos, levando-os a acreditarem em si mesmos. Afinal, é assim que devemos nos comportar com nossos filhos, torcendo sempre por eles, independente da posição em que chegarão na corrida da vida. Como conseqüência, as crianças

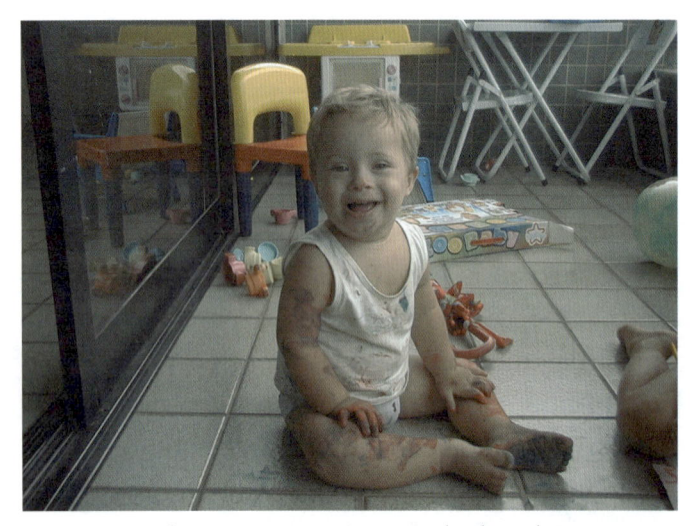

Arthur com 1 ano e 9 meses, "lambuzado"
e feliz com suas primeiras pinturas

Papai Bruno encorajando Arhur a vencer desafios

O segundo Natal de Arthur

se sentem amadas, acolhidas e dispostas a lutar, vencendo barreiras e conquistando vitórias.

Tenho a sensação de que esses quatro anos passaram mais depressa do que os sete dias em que eu estive de luto pela perda de um filho idealizado. Não quero dizer que só houve momentos de alegria. A luta foi grande. E continua sendo, mas também não foi toda a dificuldade e desespero que imaginei quando do nascimento do Arthur. Sentimos o mesmo que muitas famílias têm experimentado ao passar "do luto à luta", o que o cineasta Evaldo Mocarzel evidencia muito bem em seu documentário.[1] Ele próprio já havia passado pela experiência quando do nascimento de Joana, sua terceira filha.

Acontece que essa passagem de uma atitude de tristeza para uma atitude de conquista nem sempre se dá de forma rápida. Algumas famílias demoram anos para conseguir. Certas pessoas nunca conseguem e ficam lamentando, sonhando em como a vida poderia ser diferente. Outras conseguem, mas fraquejam ao se deparar com uma sociedade preconceituosa.

Como eu gostaria que todos pudessem enxergar a luta como algo prazeroso. Como seria

---

[1] *Do luto à luta*. Documentário agraciado em 2005, no Festival de Cinema de Gramado, com o Prêmio Especial do Júri em sua categoria. Para o cineasta, esse é o filme que ele gostaria de ter assistido após o nascimento de sua filha. O documentário também foi inspiração para a telenovela *Páginas da vida*, da Rede Globo, escrita por Manoel Carlos e exibida de julho de 2006 a março de 2007.

maravilhoso se as famílias não carregassem esse sentimento de luto durante meses, anos até. Sonho com o dia em que não precisaremos mais passar pelo luto de saber que um bebê com Síndrome de Down veio ao mundo, porque teremos a certeza de que uma nova vida, plena de possibilidades, surgiu, de que uma nova missão se apresenta. Seus pais a amarão como ela é, e a sociedade, sem discriminação, vai acolhê-la.

Ainda estamos longe desse dia, mas caminhamos na direção certa. Diversas iniciativas, como a do cineasta Evaldo Mocarzel, da escritora Claudia Werneck[2] e os excelentes trabalhos das ONGs, têm possibilitado uma mudança de comportamento e de qualidade de vida para as pessoas com Síndrome de Down em relação ao passado. A vida do Arthur seria totalmente diferente se ele tivesse nascido trinta ou quarenta anos atrás. Naquela época muitas famílias chegavam a esconder seus filhos em casa por vergonha ou medo da opinião dos outros.

---

[2] Autora de *Muito prazer, eu existo*, o primeiro livro sobre Síndrome de Down para leigos, *Um amigo diferente?*, adotado pelo Ministério da Educação, e de outros livros sobre a sociedade inclusiva.

Sim, somos abençoados por pertencer a uma sociedade em mudança, que sonha em ser inclusiva, que reconhece a diferença e luta para que esta seja vista como algo natural. A jornada é longa. Os adeptos dessa nova visão ainda não são suficientes. Mas é possível enxergar vários progressos, a começar pela minha família.

Fico muito feliz ao notar o orgulho que Milena sente de seu irmão. Ela o mostra a todos seus amigos e não permite que ninguém diga que ele não sabe fazer algo. "Ele ainda está aprendendo!" Como vibra quando ele aprende uma coisa nova ou quando repete as palavras que ela ensinou!... Atualmente ela tem-se empenhado muito para que Arthur aprenda as cores. Então, separa dois círculos de cores diferentes e pede a ele para correr em direção à cor que ela disser. Mariana também gosta muito de participar das brincadeiras, e quando elas percebem que ele já está cansado de correr de um lado para o outro, invertem o papel. Arthur se diverte dizendo as cores e vendo-as pular de uma cor a outra. Milena algumas vezes se coloca no papel de professora e vai repetindo os números até chegar a 10. Na última brincadeira que inventamos, ela escreveu o número 1 em uma folha de papel e a Mariana, o número 2. Cada uma segurava sua folha e pedia ao Arthur que lhes desse algo segundo o número que possuíam. A brincadeira terminou em briga quando Milena percebeu que estava sempre recebendo menos beijos que Mariana...

Arthur, no seu 4º aniversário, com Milena

A interação de Arthur com Mariana tem sido maravilhosa para ambos. Embora esteja apenas com 6 anos, ela é uma grande estimuladora e professora de traquinagens. Nunca houve diferença entre eles: os dois disputam brinquedos, brincam de esconde-esconde e de corrida em igualdade de condições. Quando Arthur fica para trás, porque não acompanha seu ritmo, ela volta e o encoraja a continuar. Se ela sobe com facilidade em algum brinquedo e ele não consegue, ela desce do brinquedo e o ajuda a subir. O mais bonito de tudo é que esse carinho que ela tem pelo irmão também é verdadeiro com outras crianças. Um dia eu a presenciei brincando com outra menina com SD e, mesmo sem perceber, ela a estimulava da maneira que me vê fazendo com o Arthur. É interessante notar que mesmo sendo muito jovem, Mariana sabe como interagir, respeitar e ajudar outra criança, pois já entende o que significa inclusão. Não posso dizer que é sempre um mar de rosas; afinal, como toda criança, ela tem dificuldade em dividir. Então, se peço para ela ceder um brinquedo, ter mais paciência com Arthur, ou esperar que eu termine a tarefa com ele, ela me diz: "Puxa, mamãe, por que você sempre faz primeiro pro Arthur?". Nessas horas sinto aquele puxão de orelha e uma voz dizendo: "Lúcia, ela também precisa de uma atenção especial". Com esses comentários, Mariana vai me ajudando a dosar os momentos que fico com cada um de meus filhos.

Bruno se tornou um pai muito mais participativo. É impressionante o carinho e o apego do Arthur pelo pai. Em situações novas, quando ele

Arthur e Mariana, sua pequena grande professora

Arthur e seu herói, papai Bruno

fica com medo, "papai Buno" aparece e é o seu porto seguro.

Em razão das constantes viagens e prolongadas horas de trabalho, sempre foi muito difícil para Bruno participar das atividades das crianças. Eu me tornei uma espécie de elo entre eles, relatando as novidades, brincadeiras, conquistas e dificuldades de cada filho. Foi a forma que encontrei para aproximá-lo das crianças. Para elas eu fazia comentários de como o papai ficara orgulhoso pelo que acontecera. Em caso de travessuras, ele participava diretamente dos conselhos e até correções. Embora muito cansado, ele sempre achava um tempinho para fazer surpresas e brincar de mágico.

Hoje, sua rotina de trabalho ainda é muito intensa, mas tem conseguido se envolver mais: sempre que possível, leva ou traz as crianças da escola; participa das reuniões e eventos, das festinhas de aniversário, dos passeios no parque e das nossas preferidas sessões de cinema em casa.

Quanto a mim, posso dizer que a vinda do Arthur resgatou o valor do meu papel de mãe. Eu havia esquecido como nossos filhos precisam de nossa presença, não apenas física, mas também de nosso carinho e atenção. Especialmente quando são pequenos, os filhos necessitam de orientação e amor para que desenvolvam uma personalidade equilibrada e madura. Cientes de que seus pais os amam e que podem contar com eles, os filhos enfrentam o mundo com confiança, decidindo com sabedoria e aprendendo através de suas experiências.

É na infância que as crianças moldam suas personalidades, e essa etapa é curta se a compararmos com toda uma vida. Diante desse entendimento, percebi que meus filhos estavam crescendo rapidamente e que nunca mais teriam um, dois, três anos. Esse tempo não voltaria e eu precisava curtir cada momento. Decidi, portanto, postergar minha vontade de voltar a trabalhar fora, especialmente porque nossa família morava longe e precisávamos compensar essa ausência na vida das crianças. Então, passei a valorizar e desfrutar de tudo aquilo que faço com meus filhos: as brincadeiras, o acompanhamento de seus estudos, nossos diálogos, a ida ao colégio, os passeios no *shopping*, as festas de aniversário, as noites sem dormir por causa de uma enfermidade.

Reconhecendo minha contribuição como mãe e fazendo as atividades com mais empenho, pude perceber quão preciosa era minha missão, porque não há dinheiro que compense o carinho de uma mãe. Sou muito feliz de ter Milena como minha amiga e poder escutar seus segredinhos. Estou satisfeita em contribuir para a alfabetização de Mariana, sem precisar de uma professora particular. Sinto-me realizada quando Arthur me diz: "Eu te amo, mamãe", sabendo o quanto contribuí para que isso acontecesse. Hoje posso afirmar que encontrei na *missão de mãe* a minha felicidade e realização. É com orgulho que me apresento à sociedade como MÃE DE TRÊS CRIANÇAS ESPECIAIS!

Um família muito especial

Para saber mais

Livros

Cadê a síndrome de Down que estava aqui? O gato comeu, de Elizabeth Tunes e L. Danezy Plantino. Campinas, Autores Associados, 2001.

Coleção infanto-juvenil *Meu amigo Down*, de Cláudia Werneck. Rio de Janeiro, WVA, 1994.

Conhecendo a criança pequena, de Elvira Souza Lima. São Paulo, Editora Sobradinho, 1990.

Mas ele não é mesmo a sua cara?, de Cláudia Werneck. Rio de Janeiro, WVA, 2000.

Grupos de apoio

AFAD – Associação de Familiares e Amigos do Down

Av. Comendador Fontoura, 146 – Rio Branco
CEP: 96503-330 – Cachoeira do Sul – RS
Tels.: (51) 3722-6187 / 3722-3313 / 3722-8059

**AFAD 21 – Associação dos Familiares
e Amigos do Down 21**
Rua Áustria, 598 – Petrópolis
CEP: 93346-300 – Novo Hamburgo – RS
Tels.: (51) 593-5498 / 524-0284

**APS Down – Associação de Pais e Amigos
de Portadores de Síndrome de Down**
Rua Augusto Severo, 642 – Jardim Santos Dumont
CEP: 86039-650 – Londrina – PR
Tels.: (43) 3323-0071 / 3326-7997 / 3324-4388

**ASPAD – Associação de Pais e Amigos
dos Portadores de Síndrome de Down**
Rua Professor Barreto Campelo, 1238
Bloco IV – Torre
CEP: 50710-290 – Recife – PE
Tels.: (81) 3229-9476 / 3427-6613 / 3423-4560

Associação Carpe Diem
Rua Pintassilgo, 463 – Moema
CEP: 04514-032 – São Paulo – SP
Tel.: (11) 5093-1888
Site: http://www.carpediem.org.br
e-mail: carpediem@carpediem.org.br

Associação Mais 1
Rua Professor Vahia de Abreu, 579 – Vila Olímpia
CEP: 04549-003 – São Paulo – SP
Tels.: (11) 3846-5946 / 3045-3627
Site: http://www.maisum.org.br
e-mail: maisum@maisum.org.br

Associação Reviver Down
Rua Inácio Lustosa, 421 – São Francisco
CEP: 80510-000 – Curitiba – PR
Telefax: (41) 3223-5364 / 9908-1411
Site: http://www.reviverdown.org.br/
e-mail: associacao@reviverdown.org.br

Fundação Síndrome de Down
Rua José Antônio Marinho, 430
CEP: 13084-783 – Campinas – SP
Tel.: (19) 3289-2818
Site: http://www.fsdown.org.br
e-mail: fsdown@fsdown.org.br

Grupo 25
Rua Pintassilgo, 463 – Moema
CEP: 04514-032 – São Paulo – SP
Telefax: (11) 5093-0946
Site: http://www.grupo25.org.br
e-mail: grupo25@grupo25.org.br

Grupos de Discussão sobre Síndrome de Down na internet

http://br.groups.yahoo.com/group/sindromededown/
http://br.groups.yahoo.com/group/happydown/

Sumário

Impresso na gráfica da
Pia Sociedade Filhas de São Paulo
Via Raposo Tavares, km 19,145
05577-300 - São Paulo, SP - Brasil - 2011